CHANSONS

PAR

M. AURIOL.

PARIS

IMPRIMERIE FRANÇAISE ET ANGLAISE DE E. BRIÈRE

RUE SAINT-HONORÉ 257.

—

1859

CHANSONS

PAR

M. AURIOL.

—◦|❀|◦—

PARIS

IMPRIMERIE FRANÇAISE ET ANGLAISE DE E. BRIÈRE
RUE SAINT-HONORÉ 257.
—
1859

LE MARIAGE.

I.

Le poisson vit au sein de l'eau,
    Le lièvre en sa tanière ;
Le riche, au fond de son château,
    Le pauvre, en sa chaumière ;
Mais pour accroître le bonheur
    De toute créature,
Il lui faut encore une fleur
    Qui pare la nature.

II.

L'oiseau balancé, dans l'espoir,
   Et la feuille séchée,
Attendent la brise du soir
   Et la fraîche rosée.
A la fragile humanité,
   D'une femme chérie,
Il faut la main et l'amitié
   Pour embellir sa vie.

III.

Esprit, honneur, gloire, trésor
   Font l'ornement du monde ;
Mais un bien supérieur à l'or
   Nous captive à la ronde.
La femme et ses talents divers
   Effacent toute chose :
Sans la femme tout l'univers
   Est un jardin sans rose.

IV.

Après avoir créé les cieux,
   La terre et ses richesses,
Dieu dit : Adam, ouvre les yeux,
   Contemple mes largesses.
Ève sera de mes exploits
   La plus touchante image ;
Je mets pour la dernière fois,
   La main à mon ouvrage.

V.

Hommes soyez de bons époux,
   Aimez toujours vos femmes.
Maintenez, sensibles et doux,
   Le bonheur en leurs âmes.
Plus le trésor vous paraît grand,
   Plus il faut de prudence ;
Plus il faut de ménagement
   A sa chère existence.

LES MŒURS FRANÇAISES.

AIR : *Le Cœur à la danse.*

I.

Voici deux fois que nous voulons
   Fonder la République.
Toujours quelques esprits brouillons
   Ramènent la panique.
  Tant qu'on aura, parmi nous,
  Des intrigants et des fous,
   La devise sublime :
Égalité, Fraternité !
  Ne sera qu'une énigme
   De la divinité.

II.

Pour être libre, il faut avoir,
  Sans caprice ou rancune,
Les principes et le devoir
  De la règle commune.
  Mais si longtemps que le moi
  Fera la vivante loi,
    La devise, etc.

III.

Dieu n'a fait ni grand ni petit,
  Seulement il désire
Que sur la matière l'esprit
  Conserve son empire,
  Et quand trône l'ignorant
  A la place du savant,
    La devise, etc.

IV.

Le travail est le seul moyen
　　D'implanter, sur la terre,
L'ordre, l'honneur, l'amour du bien,
　　Au cœur du prolétaire ;
　Tandis qu'on veut renversés
　　De l'échelle les degrés,
　　　La devise, etc.

V.

Avant d'être bons citoyens,
　　Au village, à la ville,
Sachons imiter en chrétiens
　　La loi de l'Évangile.
　De nos frères n'ayant tous
　　Même souci que de nous.
　　　La devise, etc.

VI.

La charité n'est pas un mot,
    Une vérité nue
Qu'il suffirait à quelque sot
    D'afficher dans la rue.
    A ces héros généreux
    Promettre et tenir sont deux.
    La devise, etc.

LA DILIGENCE.

AIR : *Mon père était pot.*

I.

Nos aïeux étaient casaniers,
Au sein de tout village,
Ne quittant jamais leurs foyers
Pour le moindre voyage,
Trop grande raison
Devait, se dit-on,
Vaincre cette habitude,
Et le testament
Était le calmant
De leur inquiétude.

II.

Arrive enfin Quatre-Vingt-Neuf,
On en prend à son aise.
Chacun veut du grand et du neuf,
Sous le roi Louis Seize ;
Les coches branlants
Et le char-à-bancs
Sont mis à l'ambulance.
Nobles et vilains,
Sur tous les chemins,
Prennent la diligence.

III.

Pour ménager le sentiment
Des citoyens d'élite,
On fit double compartiment,
Qui classait le mérite :
Dedans le coupé
Se mit le clergé,
Au milieu la noblesse ;
Arrière et devant,
Sans abri du vent,
Fut le peuple en détresse.

IV.

Devenant colère à l'endroit
De cette bigarrure,
La foule s'arrogea le droit
De guider la voiture.
Sous les coups de fouet,
Les chevaux de trait,
Franchissant la barrière,
Le char aussitôt
Fit un soubresaut
Et tomba dans l'ornière.

V

De cet échec la releva
Un hardi militaire,
Dont une main ferme hissa
L'éclatante bannière.
Alors, tour à tour,
La nuit et le jour,
D'une ardeur sans égale.
Chaque voyageur
De son conducteur
Monta l'impériale.

VI.

Parmi les balles, les obus,
  Elle traîne à sa suite
Débris de trônes, rois vaincus
  De l'Europe interdite.
    Humbles et poltrons,
    Nouveaux mirmidons,
  Tous lui portaient envie ;
    Et chacun vantait
    Le talent secret
  De l'homme de génie.

VII.

Mais d'un chargement si nombreux,
  La voiture en souffrance,
Lentement, sur les deux essieux,
  Fit son retour en France.
    D'un brillant essor
    On la vit encor
  Se frayer un passage ;
    Si la trahison
    N'eût du postillon
  Renversé l'équipage.

VIII.

Rapiéçant les nobles débris
    Du Fils de la Victoire,
De vieux singes longtemps bannis
    En firent une armoire.
        On l'emplit d'écus,
        Pour de ces intrus
      Célébrer la conquête ;
        Rédimer châteaux
        Et droits féodaux,
    Et venger leur défaite.

IX.

Le poids leur semblant un peu fort
    Des nouveaux véhicules,
Pour équilibrer le support,
    On créa les bascules.
        Mais toujours l'argent
        Pesant, à l'avant,
      Le peuple hors d'haleine,
        Armé dans Paris,
        De pavés rougis,
    Leur fit rompre la chaîne.

X.

Voulant reconnaître les droits
    Souverains de la terre,
Quelques intrigants firent choix
    D'un guide populaire.
        A peine installé,
        Il prit le coupé
    Pour lui et sa famille ;
        Et le monde, en jeu,
        D'un juste milieu,
    N'eut que la pacotille.

XI.

Du phaëton qu'on regrettait,
    Évoquant la grande âme,
En tous lieux il recommandait
    D'arborer l'oriflamme.
        Rêves enchantés
        Et rapetissés
    D'une ère glorieuse,
        Conspués, flétris,
        Ont été suivis
    D'une fuite honteuse.

XII.

Toutes les places, à l'instant,
Se changent en arênes,
Chaque citoyen mécontent
Veut conduire les rênes.
Le plus vil traitant,
De l'homme à talent
Emprunte la figure ;
Et pour voyager
On ne peut trouver
Qu'une seule voiture.

XIII.

On fut ainsi cahin, caha,
Et durant quatre années,
Au milieu d'un grand brouhaha,
Du monde les risées,
Quand un conducteur,
Hardi novateur
Et neveu du grand homme,
Par un coup d'éclat,
Mit fin au débat
Et s'adjugea la pomme.

XIV.

Aurons-nous un guide meilleur ?
C'est encore un problème.
Pourtant il semble connaisseur
Et désireux qu'on l'aime.
L'ancien souvenir
Le fera chérir
S'il y reste fidèle ;
La France aimera
Qui l'honorera
En s'appuyant sur elle.

LE VRAI BONHEUR.

AIR : *Peut-on savoir où Dieu nous conduira.*

I.

Quand le bon Dieu vint poser, à la ronde,
Les fondements de ce vaste univers,
Au même instant, les cieux, la terre et l'onde
Furent embellis d'ornements divers.
L'astre du jour, de sa douce influence,
Sous un regard les avait réunis.
On est heureux de goûter en silence
La paix du cœur avec de vrais amis !

II.

L'homme endormi sur un lit de feuillage,
Se réveilla dans un hymne d'amour.
Le tendre flot, caressant le rivage,
Les vives fleurs arrosaient tour à tour.
Les doux oiseaux modulant en cadence,
Captivaient les animaux attendris.
On est heureux, etc.

III.

Mais, promptement, on vit la Jalousie
Sous la forme d'un serpent séducteur,
Souffler la haine et troubler l'harmonie
De cet état d'un si parfait bonheur.
Le rossignol se tut : l'onde en souffrance,
Porta la mort au sein du Paradis.
On est heureux, etc.

IV.

Depuis ce temps, l'infernale Discorde.
Les mains pleines de poisons vénéneux,
Du cœur humain a banni la Concorde,
Dont le baume est remonté dans les cieux.
Pour aviver le feu de l'Espérance,
Il est bien peu de généreux esprits.
On est heureux, etc.

V.

Si d'une femme orgueilleuse, légère,
L'égarement a perdu les mortels,
L'humilité, la douceur d'une mère,
Ont apaisé les décrets éternels.
Dans cet espoir qu'une juste balance
Prisera l'or des fleurs et des épis.
On est heureux, etc.

TABLE.

	Pages.
Le Mariage	3
Les Mœurs françaises	7
La Diligence	11
Le Vrai Bonheur	19

Paris.—Imp. de E. Brière, rue Saint-Honoré, 257.

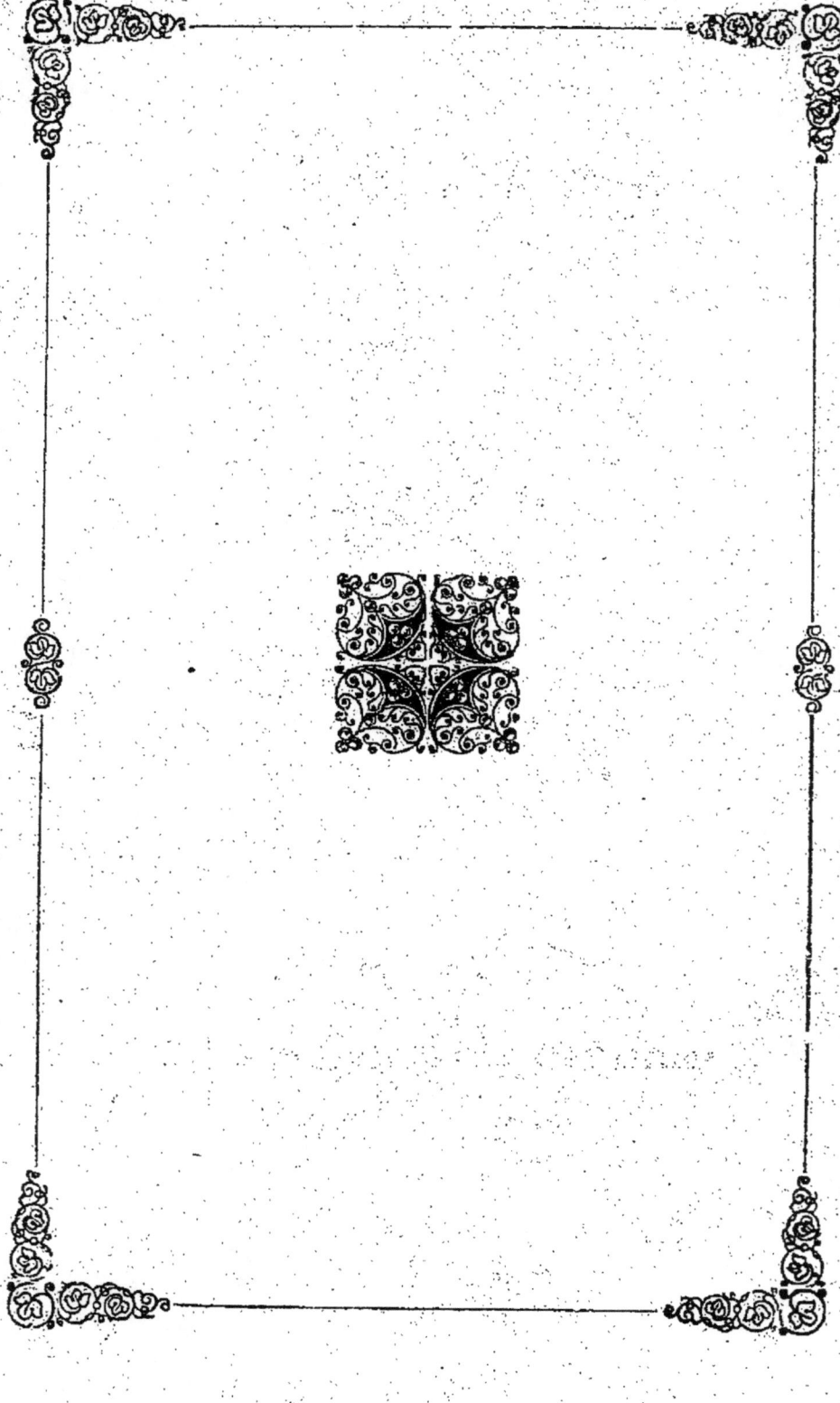

www.ingramcontent.com/pod-product-compliance
Lightning Source LLC
Chambersburg PA
CBHW060623050426
42451CB00012B/2393